Freundschafts-Geschichten mit Peppa Pig

CARLSEN

Inhalt

Peppa spielt heute mit Luzie Locke.

„Warum hast du die Maske auf?",
fragt Peppa.

„Damit die Leute mich nicht erkennen",
flüstert Luzie. Sie schaut sich um.

„Ich bin in einem Geheimclub",
sagt sie leise zu Peppa.

Ein Geheimclub? Wie aufregend!
„Kann ich auch in deinem Geheimclub
sein?", fragt Peppa.
„Pssst!", macht Luzie. „Da wird man
nicht so einfach aufgenommen."

„Man braucht dazu das Geheimwort“,
sagt Luzie.
„Welches Wort?“, fragt Peppa aufgeregt.

Fluppdischwubbel!

Fluppdischwubbel!

„Du bist drin“, sagt Luzie.

Da ist Klausi Kläff auf seinem Fahrrad.

Er kommt zum Spielen vorbei.

„Hallo, Peppa! Hallo, Luzie!", ruft er.

„Ich bin in einem Geheimclub",
sagt Luzie.
„Ich auch", sagt Peppa.

KLINGELING
KLINGELING

Da sind Pedro Pony, Molly Mieze
und Luisa Löffel.
„Hallo!", rufen sie.
„Pssst!", macht Peppa.
„Pssst!", macht Luzie.

„Luzie und Peppa sind in einem
Geheimclub", sagt Klausi.
„Können wir auch rein?", fragt Pedro.
„Ihr müsst das Geheimwort sagen",
flüstert Luzie. „SCHALAMAKUKIE."
„Das ist aber nicht mein Geheimwort",
sagt Peppa.
„Es ändert sich", sagt Luzie.
„Damit es geheim bleibt."

„Ihr seid drin", sagt Luzie.

„Und was sollen wir tun?", fragt Pedro.

„Wir machen geheime Sachen",
sagt Peppa.
„Und haben geheime Missionen",
sagt Luzie.

„Zeigt uns mal, wie eine geheime
Mission geht", sagt Molly.
„Ja", rufen Pedro, Luisa und Klausi.
„Zeigt mal!"
„Peppa kann euch das zeigen",
sagt Luzie.

„DU hast die Maske auf, Luzie!",
sagt Peppa.
Also muss Luzie auf geheime
Mission gehen.
„Na gut", sagt sie.

„Meine geheime Mission ist:
Ich hole uns Kekse!" Luzie lacht.

Luzie Locke passt auf,
dass keiner sie sieht.
Sie versteckt sich.
Hinter dem Busch.
Hinter dem Baum.
An der Wand.

„Mama, kann ich bitte Kekse
für meine Freunde haben?", fragt Luzie.
„Natürlich", sagt Frau Locke.

Danke,
Mama!

Luzie kommt mit den Keksen zurück.

„Hat dich jemand gesehen?",
fragt Luisa.
„Nein", sagt Luzie. Sie überlegt.
„Also ... nur eine Erwachsene."

Da kommt Frau Locke.

„Möchtet ihr Saft zu den Keksen?",
fragt sie.

Luzie wird rot im Gesicht.

„Welche Kekse?", fragt sie.

„Die, die ich dir gerade gegeben habe",
sagt Frau Locke.

„Was ist passiert?", fragt Frau Locke.
„Wir sind ein Geheimclub", sagt Peppa.
„Luzie hatte eine geheime Mission."

„Darf ich auch in euren Club?",
fragt Frau Locke. „Bitte!"
„Sie müssen das Geheimwort sagen",
erklärt Peppa.
„PIEKSENADELNUDEL", sagt Luzie.
„PIEKSENADELNUDEL",
wiederholt Frau Locke.
Sie ist drin!

Da kommt Papa Wutz.
„Verrate nichts", sagt Luzie
zu Frau Locke.
Die Kinder verstecken sich im Zelt.

„Frau Locke, wie steht's?",
fragt Papa Wutz.
Frau Locke wird rot im Gesicht.
„Äh ... äh ... Geheimclub", murmelt sie.
Oh nein!

Darf ich mitmachen?

„Zuerst das Geheimwort", sagt Peppa.

„PAPADIDELDUDELDAMM", sagt Luzie.

„PAPADIDELDUDELDAMM", wiederholt
Papa Wutz.
Er ist drin!

Da kommt Mama Wutz.

Papa Wutz versteckt sich.

„Hallo, Papa Wutz", sagt Mama Wutz.

„Was machst du da im Busch?"

Papa Wutz wird rot im Gesicht.

„Äh … äh … Geheimclub", stottert er.

Mama Wutz will auch in den Geheimclub.

Aber ist er dann noch geheim?

„Es könnte doch der Alle-sind-drin-
Geheimclub sein", sagt Peppa.

Das ist eine tolle Idee! Alle sind drin.

Und alle sind glücklich.

Die Kostümparty

Peppa und Schorsch
geben eine Kostümparty.
Sie haben alle ihre Freunde
eingeladen.

Peppa hat sich als Fee verkleidet.

Und Schorsch geht als Dinosaurier.

Peppas Freunde sind da.
Alle haben sich verkleidet!

Luzie Locke geht als Ärztin.
Klausi Kläff ist ein Pirat.

Landratten in Sicht!

Molly Mieze ist eine Hexe.

TRÖT!
TRÖT!

Pedro Pony geht als Clown.

Und Luisa Löffel?
Die ist eine Karotte.

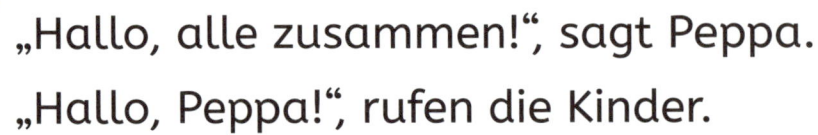

„Hallo, alle zusammen!", sagt Peppa.
„Hallo, Peppa!", rufen die Kinder.

„Ich bin Doktor Luzie",
sagt Luzie zu Peppa.

AAAH!

Sag mal
Aaaaah!

„Ich bin ein Clown", sagt Pedro.

„Mach mal was Lustiges", sagt Luisa.

Clown Pedro drückt seine Tröte.

TRÖÖÖT!

Peppa bewundert sich im Spiegel.
Sie verstellt ihre Stimme.

Spieglein, Spieglein an der Wand, wer ist die Schönste im ganzen Land?

„Du allein, Peppa",
sagt der Spiegel.

Da kommt Molly, die Hexe.

„Ich kann dich in einen Frosch
verwandeln", sagt sie.

„Dann verwandle ich dich auch
in einen Frosch", sagt Peppa.

Molly und Peppa lachen.

Schorsch stellt sich vor den Spiegel.

Schorsch fängt an zu weinen.
Er hat Angst vor seinem Spiegelbild!

Da ist Mama Wutz.
Sie nimmt Schorsch den
Kopf vom Kostüm ab.
„Das ist doch nur dein Spiegelbild,
Schorsch", sagt sie.
Uff. Kein echter Dino.
Schorsch ist wieder fröhlich.

Jetzt startet der Kostümwettbewerb.
Mama und Papa Wutz denken nach.
Wer sucht das schönste Kostüm aus?
„Ich, ich, ich!", rufen die Kinder.

Peppa sucht aus, wer
das schönste Kostüm hat.
Weil es ihre Party ist.
Peppa überlegt.
Gar nicht so leicht!

Schwester Luzie macht Leute gesund.
Pirat Klausi sieht schön schaurig aus.
Hexe Molly will Peppa in einen Frosch
verwandeln.
Sie gewinnt sicher nicht.

Clown Pedro macht lustige Sachen.

Dino Schorsch ist gefährlich.

Und Luisa? Die ist eine Karotte.

Das ist auch lustig.

Peppa sieht ihre Freunde an.

„Alle sind ganz toll verkleidet", findet sie.

„Hurra!", rufen die Kinder.

„Jetzt sagst du, wer gewonnen hat",
sagt Mama Wutz.
„Au ja!", sagt Peppa. „Und gewonnen ..."

„... habe ich!", ruft Peppa.

Wie bitte?

Alle sind verwirrt.

„Peppa, du kannst dich nicht selbst
wählen", sagt Mama Wutz.

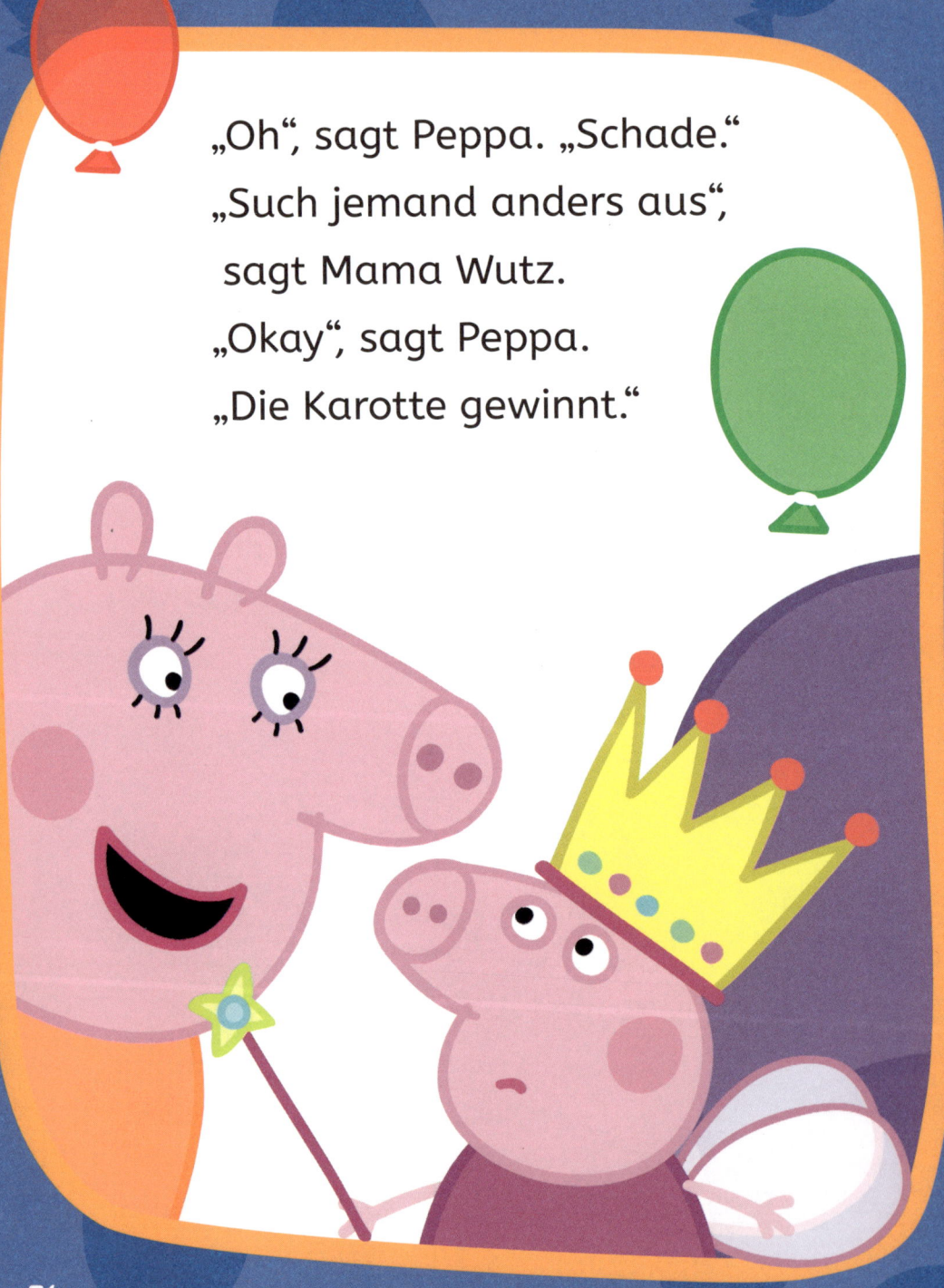

„Oh", sagt Peppa. „Schade."
„Such jemand anders aus",
sagt Mama Wutz.
„Okay", sagt Peppa.
„Die Karotte gewinnt."

Die Karotte hat
den Kostümwettbewerb gewonnen.
„Hurra!", rufen die Kinder.
Luisa Löffel wird rot im Gesicht.
„Danke", sagt sie und lächelt.

Peppa liebt Kostümpartys.

Alle lieben Kostümpartys!

Geheimwörter

Peppa ist verwirrt. So viele geheime Wörter! Hilfst du ihr, die richtigen zu verbinden? Die Lösung findest du unten auf der Seite.

PAPADIDEL

FLUPPDI

DUDELDAMM

PIEKSE

SCHALAMA

SCHWUBBEL

NADELNUDEL

KUKIE

SCHALAMA-KUKIE, FLUPPDI-SCHWUBBEL, PIEKSE-NADELNUDEL, PAPADIDEL-DUDELDAMM

Unser Versprechen für
mehr Nachhaltigkeit
• Klimaneutrales Produkt
• Farben auf pflanzlicher Basis
• Papiere aus nachhaltigen
  und kontrollierten Quellen
• Hergestellt in Europa

Die deutschsprachige Ausgabe erscheint in der Carlsen Verlag GmbH,
Völckersstr. 14-20, 22765 Hamburg
Text: Steffi Korda, Büro für Kinder- und Erwachsenenliteratur, Hamburg
Lektorat: Nora De Lon, Carla Felgentreff
Gestaltung und Satz: Anja Krapat, Berlin
ISBN 978-3-551-69074-6
Carlsen-Newsletter: Tolle Lesetipps kostenlos per E-Mail!
Unsere Bücher gibt es überall im Buchhandel und auf carlsen.de.